Comprendere il femminismo

Scopra tutto quello che c'è da sapere sul femminismo, le sue origini e le sue varie forme, in un formato chiaro e compatto.

Lena Hafermann

CONTENUTI

Cosa può aspettarsi da questo libro

Movimento MeToo, divario retributivo di genere, manspreading, catcalling - questi termini si sentono sempre più spesso al giorno d'oggi, e ruotano tutti intorno ad un unico argomento: il femminismo. Il femminismo riguarda tutti noi e una solida conoscenza di base dell'argomento è essenziale, soprattutto oggi. In questo libro, imparerà a conoscere il significato di tutti questi termini e il loro rapporto con il femminismo. Ma cos'è esattamente il femminismo? Non abbiamo tutti uguali diritti da molto tempo? In linea di principio

Il femminismo per la parità di diritti e di opportunità, indipendentemente dal sesso. In Paesi come il Pakistan, il Ciad e l'Iran, le donne sono ancora trattate come esseri umani di seconda classe, senza diritti. Molte sono costrette a sposarsi, non possono andare a scuola o lavorare e possono uscire di casa solo velate e accompagnate dal marito.

In Germania, la situazione è più avanzata, ma l'oppressione delle donne non risale a molto tempo fa: le donne non potevano votare fino al 1919, non potevano aprire un proprio conto in banca fino al 1958, dovevano obbedire ai loro mariti e le donne erano ancora legalmente obbligate a gestire la casa fino al 1977. Molto è cambiato da allora; secondo l'articolo 3 della Legge fondamentale, uomini e donne sono uguali davanti alla legge. In realtà, però, si possono ancora riconoscere tratti di patriarcato:

C'è una disparità di retribuzione nel mercato del lavoro, le donne continuano a svolgere la maggior parte dei lavori domestici, hanno maggiori difficoltà sul lavoro, in quanto sono percepite come meno qualificate rispetto ai colleghi uomini, ricevono meno rispetto, il corpo femminile è sessualizzato e i prodotti, come le droghe e le automobili, sono fatti su misura per il corpo maschile. Inoltre, una donna su tre subisce violenza sessuale, che ha poche o nessuna conseguenza ed è commessa da uomini nel 98% dei casi. Questa è solo una parte di tutte le aree in cui le donne sono svantaggiate. Il femminismo evidenzia tutte queste disuguaglianze e si oppone ad esse.

Ma esiste "l'unico" femminismo? In quali ambiti il femminismo è necessario? Il femminismo aiuta anche gli uomini? E cosa posso fare per il femminismo? Queste domande trovano risposta in questo libro. Una volta compreso come funziona il sessismo, come si manifesta e come il femminismo può aiutare a contrastarlo, anche lei potrà contribuire a creare un mondo moderno senza discriminazioni di genere.

Comprendere il femminismo

CHE COS'È IL FEMMINISMO?

Innanzitutto, dobbiamo capire che cos'è effettivamente il femminismo. Il termine è apparso per la prima volta nel 1837, quando il critico sociale francese Charles Fourier utilizzò la parola "féminisme" per descrivere l'autodeterminazione delle donne.

La parola tedesca Feminismus ha le sue origini qui e deriva dalla parola latina femina, che significa donna. Nel dizionario Duden viene definito come una "direzione del movimento femminile che, basandosi sulle esigenze delle donne, si batte per un cambiamento fondamentale delle norme sociali (ad esempio, la distribuzione tradizionale dei ruoli) e della cultura patriarcale".

Tuttavia, poiché questo termine è così vario e in costante evoluzione nel corso degli anni, non esiste un'unica definizione corretta. La studiosa americana di letteratura Bell Hooks descrive il femminismo in modo più politico come "un movimento che cerca di abolire il sessismo, lo sfruttamento sessista e l'oppressione".

La famosa attrice britannica e inviata speciale delle Nazioni Unite Emma Watson spiega: "Il femminismo consiste nel dare alle donne una scelta. Il femminismo non è un bastone con cui picchiare altre donne. Si tratta di libertà, liberazione e autodeterminazione. Se sei a favore dell'uguaglianza, sei una femminista". E la scrittrice nigeriana Chimamanda Ngozi Adichie definisce femminista chiunque "creda nell'uguaglianza sociale, politica ed economica dei sessi". Almeno tutte queste definizioni hanno qualcosa in comune: il femminismo si batte per la libertà, l'autodeterminazione, la parità di diritti e le pari opportunità, indipendentemente dal sesso.

È diretto contro un sistema patriarcale e sessista che ha prevalso per migliaia di anni ed è responsabile della continua oppressione e discriminazione delle donne, perché nel patriarcato le donne sono subordinate agli uomini e devono attenersi alle loro decisioni . Tali opinioni culturali sono criticate dal femminismo.

Tuttavia, il femminismo non vuole portare le donne al potere opprimendo gli uomini; questo ordine sociale si chiama matriarcato. Il femminismo non ha nulla a che fare con l'odio per gli uomini; il termine per questo è misandria. Si limita a contraddire le norme patriarcali dominanti. In definitiva, l'obiettivo è quello di creare una società equa per tutti, in cui nessun genere sia svantaggiato o favorito.

ESISTE "IL" FEMMINISMO?

Come abbiamo già stabilito, il femminismo è vario. A seconda della corrente, viene rappresentata una diversa comprensione del genere, della società e della disuguaglianza. Esistono quindi diverse correnti, alcune delle quali vorrei presentarle brevemente qui di seguito.

Il femminismo liberale è a favore dell'uguaglianza indipendente dal genere. Ognuno dovrebbe essere in grado di svilupparsi liberamente in base ai propri talenti e alle proprie idee, senza essere ostacolato a causa del proprio sesso, della propria origine o della propria sessualità. I cliché dovrebbero essere infranti, in modo che le donne non siano più costrette al ruolo di casalinga e gli uomini non siano più costretti al ruolo di unico capofamiglia, e le pari opportunità dovrebbero essere al centro della scena. Tutti dovrebbero essere in grado di realizzare il proprio potenziale individuale.

Il femminismo differenziato sottolinea le differenze tra i sessi. Questo deriva dalle differenze biologiche e dalle differenze tra i sessi che sono sorte a causa della cultura e della società. I suoi sostenitori sostengono che le donne, in quanto potenziali madri, sono generalmente più empatiche, disponibili e sociali degli uomini, il che significa che devono essere maggiormente coinvolte in aree importanti come la politica globale e l'economia. Si dovrebbe porre meno attenzione agli standard maschili e, allo stesso tempo, si dovrebbero promuovere le caratteristiche tipicamente femminili, per consentire una coesistenza pacifica in tutto il mondo.

Il femminismo conservatore è simile alla corrente del femminismo differenziato, in quanto enfatizza le differenze di genere. Tuttavia, le donne non devono essere solo casalinghe e madri, ma devono anche avere pari opportunità nella vita professionale, negli affari e in politica. I rappresentanti giustificano questo con le competenze femminili che possono offrire notevoli vantaggi. I valori tradizionali dovrebbero essere preservati.

Il femminismo socialista pone l'accento sull'uguaglianza dei sessi. Vede il capitalismo e il patriarcato come causa della discriminazione strutturale e vuole rafforzare il ruolo delle donne nella società per superare il sistema capitalista. Dopo tutto, sono soprattutto le donne a svolgere un lavoro di cura non retribuito o un lavoro riproduttivo sotto forma di assistenza alle persone.

Il femminismo ecologico disapprova i legami tra lo sfruttamento della natura e l'oppressione delle donne. Dopo tutto, ci sono delle analogie tra la capacità riproduttiva della natura e quella delle donne, e il degrado ambientale colpisce in modo particolare le donne come madri e spesso come contadine nel Terzo Mondo. Pertanto, le teorie femministe devono includere una prospettiva ecologica, mentre la soluzione ai problemi ambientali deve includere una prospettiva femminista.

Il femminismo radicale chiede una rivoluzione per superare il patriarcato, in quanto gli uomini controllano e opprimono a tutti i livelli da sempre. Pertanto, secondo i suoi rappresentanti, non solo i privilegi maschili, ma tutte le differenze di genere dovrebbero essere eliminate. Il semplice avanzamento delle donne non è sufficiente.

Il femminismo queer si oppone all'intero sistema che divide le persone in generi. Intende il genere come qualcosa che viene assegnato dalla società e non come qualcosa di biologicamente o psicologicamente predeterminato. Si batte per tutti coloro che sono discriminati in qualsiasi modo, come le donne transgender, di pelle scura, lesbiche o povere. Il suo obiettivo è dissolvere il genere per superare la discriminazione.

OBIETTIVI DEL FEMMINISMO

Dai vari movimenti femministi si può vedere che non ci sono obiettivi formulati in modo uniforme. Dopotutto, alcuni movimenti si contraddicono tra loro. Come minimo, tutti chiedono parità di diritti, autodeterminazione, libertà e pari opportunità, indipendentemente dal sesso, e si battono contro la discriminazione. Il riconoscimento e il rispetto della dignità umana delle donne sono in prima linea. Gli atti di violenza contro le donne non dovrebbero essere tollerati solo perché sono considerate il sesso presumibilmente più debole. Il comportamento delle donne non deve essere giudicato in modo diverso da quello degli uomini solo perché sono donne. Le donne devono essere trattate con lo stesso rispetto degli uomini.

L'obiettivo è quello di superare i modelli di ruolo stereotipati, per combattere il diverso trattamento dei sessi. Le donne non dovrebbero vedersi solo come madri e casalinghe, ma dovrebbero anche essere in grado di svolgere la propria carriera come gli uomini. Allo stesso tempo, anche gli uomini dovrebbero essere accettati come mariti e padri senza essere stigmatizzati. Le donne dovrebbero essere in grado di raggiungere il potere con la stessa facilità degli uomini, in modo che anche loro possano influenzare la società.

La sessualità dovrebbe poter essere vissuta liberamente. In linea di principio, nessuno dovrebbe essere svantaggiato in alcun ambito solo a causa del proprio sesso. Dopotutto, anche gli uomini possono essere svantaggiati, come riconosce anche il femminismo. In definitiva, l'obiettivo è quello di ottenere una società equa per tutti.

LA STORIA DEL FEMMINISMO

Gli inizi

Il femminismo e le opinioni prevalenti su di esso cambiano costantemente. Vengono avanzate richieste diverse a seconda dell'epoca, della società e dell'ambiente culturale. Gli inizi del femminismo in Germania sono iniziati alla fine del XVIII secolo, durante la Rivoluzione francese, quando gli uomini delle classi inferiori lottarono per i diritti politici e sociali. Furono approvate delle costituzioni con cataloghi di diritti fondamentali, ma questi furono concessi alle donne solo in misura limitata. Le donne borghesi colsero questa opportunità per lottare per i propri diritti.

L'attenzione era rivolta al diritto all'istruzione, a migliori condizioni di lavoro e all'uguaglianza tra uomini e donne. Fino ad allora, le donne erano sempre state sotto il dominio dei mariti e dovevano sottostare alle loro decisioni. Dopo la rivoluzione, tuttavia, alle donne fu proibito di essere politicamente attive o di formare associazioni, e famose attiviste per i diritti delle donne come Olympe de Gouges furono giustiziate.

Prima ondata

La prima ondata di femminismo emerse a metà del XIX secolo in molti Paesi europei, negli Stati Uniti e in Australia. In Gran Bretagna, gli Atti sulle Malattie Contagiose, che rendevano la prostituzione controllata dallo Stato e consideravano le donne le uniche responsabili della diffusione delle malattie veneree, furono applicati a partire dal 1869.

La prima Associazione Generale delle Donne Tedesche fu fondata con l'obiettivo di migliorare le opportunità educative per le donne e consentire loro di svolgere una professione. A tal fine, furono richieste scuole industriali e commerciali specificamente per le donne, parità di retribuzione per lo stesso lavoro e uguaglianza tra uomini e donne. Dal 1896, le donne furono ammesse per la prima volta all'università. Questo portò anche alla creazione di nuovi corsi di laurea, come quello di lavoro sociale.

L'Unione Sociale e Politica delle Donne fu fondata in Inghilterra. I suoi membri, noti come suffragette, protestarono a favore del suffragio femminile attraverso scioperi della fame, interruzioni di eventi pubblici e boicottaggi parlamentari. Questo ha dato origine alla consapevolezza femminista, che si è diffusa in altri Paesi. Dopo anni di proteste, il diritto di voto per le donne dai 21 anni in su fu incluso nella Costituzione di Weimar in Germania nel 1919. Oltre alla Finlandia, la Germania fu il primo Paese europeo in cui le donne poterono votare. Questa fu anche la prima volta in cui fu permesso loro di partecipare al potere politico. Allo stesso tempo, furono abolite la tutela paterna sulle donne nubili maggiorenni e la tutela del marito.

Durante la Prima Guerra Mondiale, i successi iniziali dei movimenti femministi rallentarono. Mentre gli uomini combattevano come soldati al fronte, le donne dovevano lavorare nelle fabbriche. Anche dopo la guerra, quando gran parte degli uomini erano gravemente feriti o morti, le donne dovevano provvedere al reddito della famiglia e allo stesso tempo occuparsi della casa. La guerra e l'inflazione tedesca dal 1914 al 1923 hanno causato disagi sociali tra gli orfani di guerra e le vedove di guerra, che hanno portato a rivolte alimentari e scioperi di massa delle lavoratrici. Nel corso della crisi economica globale del 1929, si verificò la perdita di molti posti di lavoro, che colpì in modo particolare le donne. Di conseguenza, spesso dovettero assumere nuovamente il ruolo tradizionale di casalinga e madre.

Quando i nazionalsocialisti salirono al potere nel 1933, la prima ondata di femminismo giunse al termine. Le associazioni e le organizzazioni femminili furono sciolte o messe in riga, alle donne fu vietato di lavorare nelle professioni più elevate e il loro diritto di voto fu revocato. Famose attiviste per i diritti delle donne e oppositrici del regime nazista, come Anita Augspurg e Alice Salomon, dovettero fuggire in esilio.

Inoltre, i nazisti diffusero un'immagine nemica delle donne intellettuali e autodeterminate. Il vero destino femminile era quello di essere casalinga e madre. Questo ristabilì le relazioni di genere tradizionali. Dopo la Seconda Guerra Mondiale e la caduta del regime nazista, le donne dovettero nuovamente lavorare per sostenere le loro famiglie quando i mariti erano feriti o deceduti. Con la graduale ripresa della Germania negli anni '50, gli uomini tornarono ad essere gli unici portatori di reddito nella famiglia, mentre le donne tornarono ad essere casalinghe e madri. Tuttavia, questo non durò a lungo.

Seconda ondata

Il femminismo è stato rivitalizzato dagli anni '60 in poi.
Il famoso "lancio di pomodori" del 1969 inaugurò la seconda ondata del femminismo. La portavoce del Consiglio d'Azione per la Liberazione della Donna, Helke
Sander, accusò gli uomini dell'SDS di ignorare le discriminazioni contro le donne senza essere ascoltati da
loro.

Sigrid Rüder ha poi lanciato dei pomodori in direzione del tavolo del consiglio di amministrazione. Lo
stesso giorno, si formarono dei gruppi di donne per
agire contro la disparità di trattamento. Le donne erano
scarsamente rappresentate nelle scuole secondarie e
nelle università, solo una donna su tre aveva un lavoro
e non partecipava quasi per niente alla politica. Le
donne occupate svolgevano solo lavori tipici del genere, come la segretaria o l'insegnante, ed erano mal
pagate.

Inoltre, le donne non potevano aprire un proprio
conto bancario o disporre dei propri beni fino al 1962,
fino al 1977 avevano bisogno del permesso del marito
per esercitare una professione e in caso di divorzio, la
donna era generalmente considerata la parte colpevole
e non veniva sostenuta finanziariamente. L'aborto era
proibito, le donne non potevano intraprendere azioni

legali contro lo stupro coniugale ed erano le uniche responsabili della casa.

La femminista Simone de Beauvoir pubblicò il libro "Il sesso opposto", in cui sfatava i miti sulle donne, evidenziava le differenze tra il genere biologico e quello sociale e chiariva che le donne sono costrette al ruolo di casalinga e non sono destinate ad esserlo. Il libro fece scalpore e i movimenti femminili si batterono nuovamente per l'indipendenza e l'autodeterminazione delle donne e richiamarono l'attenzione sugli svantaggi che dovevano affrontare. In particolare, hanno combattuto contro le retribuzioni più basse, i modelli di ruolo rigidi, l'accesso limitato all'istruzione e il divieto di aborto.

A partire dal 1957, le disposizioni legali che violavano l'Articolo 3 della Legge Fondamentale come requisito della parità di diritti sono state gradualmente abolite nella RFT. Dal 1994, all'Articolo 3 è stata aggiunta l'aggiunta: "Lo Stato promuove l'effettiva realizzazione della parità di diritti tra donne e uomini e si adopera per l'eliminazione degli svantaggi esistenti". Nel 1961, una donna divenne Ministro federale per la prima volta. Si trattava di Elisabeth Schwarzhaupt, responsabile dell'assistenza sanitaria.

A partire dagli anni '80, i Verdi hanno vissuto un'ascesa perché volevano promuovere il femminismo. Anche la CDU ha riformato le sue politiche e si è battuta per un migliore equilibrio tra lavoro e vita privata. Molte donne di spicco hanno ammesso di aver abortito nonostante le scarse norme igieniche e il divieto. Come risultato della seconda ondata, l'aborto è stato permesso a determinate condizioni, è stata fornita un'educazione sulla sessualità e sui reati sessuali, le donne hanno potuto decidere da sole se e come lavorare, e sono state introdotte le quote femminili e le quote di assistenza all'infanzia per facilitare il lavoro delle donne.

Nel 1977, la legge sul "matrimonio casalingo" fu abolita, il che significa che la donna non era più legalmente obbligata a gestire la casa. Il principio della colpa nel divorzio fu ritirato e il cognome della donna poté essere adottato come nome di famiglia. In seguito a questa riforma del diritto di famiglia, ci sono state anche delle modernizzazioni nell'insegnamento e nella ricerca: per la prima volta nel 1976, c'è stato un programma per le donne presso la Libera Università di Berlino, che si occupava delle donne nella storia, nella politica, nella cultura e nelle scienze. Gli studi di genere sono stati introdotti nel 1997 per indagare le relazioni di genere. Inoltre, nel 1980 è stata approvata una legge sulla parità di trattamento tra uomini e donne sul posto di lavoro che, oltre alla parità di trattamento, prevedeva la parità di retribuzione per lo stesso lavoro, indipendentemente dal sesso.

Terza ondata

La terza ondata del femminismo è iniziata a metà degli anni Novanta. Il termine è emerso dal "Third Wave Feminism" americano e sottolinea la diversità delle identità e delle esperienze femminili. L'eterosessualità come norma sociale e l'ordine binario di genere sono stati messi in discussione da allora.

Si è sviluppato il femminismo intersezionale, che evidenzia la possibilità di una discriminazione multipla. Dopo tutto, esistono anche il razzismo (discriminazione basata sull'origine), l'abilismo (discriminazione delle persone con disabilità) e il classismo (discriminazione basata sull'origine sociale). Il significato di essere donna o uomo non è fisso e cambia continuamente. Nel corso della terza ondata, è stato permesso il matrimonio tra persone dello stesso sesso, tra le altre cose.

Dalla Conferenza Mondiale delle Nazioni Unite sulle Donne di Pechino del 1995, sono state stabilite misure per raggiungere l'uguaglianza di genere e realizzare i diritti delle donne. In particolare, queste includono la povertà, l'istruzione, la violenza contro le donne, le donne al lavoro e nelle posizioni di potere, i diritti umani, l'ambiente, i media e l'infanzia. L'attenzione è rivolta alla fiducia in se stesse, alla libertà, all'autodeterminazione e alla parità di genere.

Allo stesso tempo, l'antifemminismo è in aumento; molti uomini vogliono mantenere i loro privilegi e ignorano o diffamano il femminismo di conseguenza. Tuttavia, il sessismo e la discriminazione di tutti i giorni vengono sempre più discussi pubblicamente, al fine di evidenziare e minimizzare le strutture patriarcali che ancora prevalgono.

PERCHÉ IL FEMMINISMO È IMPORTANTE?

Dal momento che il femminismo esiste da così tanto tempo, si potrebbe pensare che abbiamo raggiunto l'uguaglianza di genere molto tempo fa. Le donne possono votare, avere un lavoro, la violenza sessuale è vietata. Almeno questa è la teoria. Negli Stati Uniti, tuttavia, circa quattro milioni di persone sono scese in piazza per la Women's March il 21 gennaio 2017. In

Spagna, 5,3 milioni di persone hanno protestato con scioperi nel 2018. Anche in Germania, non tutti sono soddisfatti della situazione attuale.

L'uguaglianza di genere è auspicabile sia in termini legali che sociali, ma nella pratica è ancora molto lontana. Qui di seguito può vedere le aree in cui il femminismo è ancora lontano dal raggiungere il suo obiettivo.

VITA QUOTIDIANA

Secondo il Ministero federale per la Famiglia, gli Anziani, le Donne e i Giovani, le donne dedicano in media il 52,4% di tempo in più al giorno al lavoro di cura non retribuito rispetto agli uomini. Questo include tutti i lavori domestici, il giardinaggio, la cura e l'assistenza di bambini e adulti, l'aiuto non retribuito ad altre famiglie e il volontariato. Sono stati presi in considerazione anche i tempi di viaggio.

Gli uomini svolgono circa due ore e 46 minuti di questo lavoro al giorno, le donne circa quattro ore e 13 minuti. Anche se le donne percepiscono il reddito principale della famiglia, di solito lavorano di più in casa. Questo divario di genere illustra la diversa quantità di tempo dedicata al cosiddetto lavoro di cura. E non è senza conseguenze: Le donne sono significativamente più propense a lavorare part-time rispetto agli uomini per gestire il lavoro di cura non retribuito. Questo ha anche un impatto sul loro reddito e sulla loro pensione più bassi. La differenza è particolarmente estrema tra i 34enni:

Le donne dedicano il 110,6% in più del loro tempo a compiti non retribuiti rispetto agli uomini. È proprio a questa età che si prendono le decisioni chiave per la vita e la quantità di tempo dedicata ai figli aumenta. La maggior parte del lavoro di cura viene svolto soprattutto nelle famiglie con bambini, in quanto la cura dei figli richiede molto tempo. Inoltre, le donne spesso si assumono i compiti più intimi, faticosi ed emotivamente stressanti quando si tratta di prendersi cura dei genitori, ad esempio. Nel Regno Unito, ad esempio, le donne forniscono il 70% dell'assistenza non retribuita e ricevono ancora meno sostegno degli uomini.

L'Ufficio per le statistiche nazionali del Regno Unito ha rilevato che le donne nel Regno Unito hanno circa cinque ore in meno di tempo libero a settimana e sono anche più propense a combinare il tempo libero rimanente con le faccende domestiche.

In Uganda, le donne lavorano addirittura sei ore al giorno in più rispetto agli uomini. Questa discrepanza ha conseguenze significative: ha un impatto negativo sulla salute delle donne. Secondo uno studio canadese del 2016, le donne hanno esiti peggiori dopo un intervento al cuore, perché riprendono immediatamente il lavoro non retribuito dopo l'operazione, mentre gli uomini si riposano e vengono assistiti dopo un'operazione. Inoltre, le donne soffrono di stress, ansia e depressione sul lavoro due volte più spesso degli uomini. La salute delle donne soffre più di quella degli uomini, soprattutto nei settori in cui si fanno molti straordinari; lavorare tra le 41 e le 55 ore settimanali ha un effetto negativo sulle donne, mentre non c'è alcun effetto negativo sugli uomini.

Secondo uno studio svedese, il rischio di sviluppare malattie cardiache e cancro triplica se si lavora più di 60 ore alla settimana per 30 anni. Tuttavia, questo non è dovuto a una tolleranza allo stress fondamentalmente più bassa nelle donne; semplicemente si fanno carico di così tanto lavoro non retribuito che non sono in grado di fare di più al lavoro. Invece, mantengono la schiena dei loro mariti libera lavorando a casa e spesso lavorano part-time, il che lo mette meno sotto pressione, ma allo stesso tempo guadagnano meno. Nonostante lo sforzo fisico e mentale che comporta, il lavoro di cura spesso non viene riconosciuto come un vero lavoro. Una divisione equa del lavoro di cura tra le coppie porterebbe a migliori opportunità sul mercato del lavoro, a un reddito più elevato e a diritti pensionistici indipendenti più alti per le donne.

Il sessismo inizia con piccole cose che a volte passano inosservate nella vita quotidiana. Forse avrà notato che gli uomini, in particolare, si siedono con le gambe divaricate sull'autobus o sul treno. Non si tratta di un episodio isolato, ma si verifica con una tale frequenza che esiste un termine specifico per definirlo: Manspreading. Gli uomini divaricano le gambe in treno cinque volte più spesso delle donne e, contrariamente a quanto si crede, non lo fanno per motivi fisici, secondo le scoperte scientifiche.

Si prendono lo spazio perché pensano inconsciamente di averne diritto. La mancanza di considerazione è un'espressione del comportamento di dominanza e di potere con cui vogliono inconsciamente chiarire il loro posto nel mondo. Già da bambini, viene insegnato loro che hanno diritto a qualcosa che devono prendere. Il desiderio di mostrare la propria presenza è quindi già appreso nell'infanzia. Dopo tutto, ai ragazzi viene sempre mostrato e addestrato un comportamento orientato all'azione e alla competizione.

Le ragazze, invece, imparano presto a cedere il passo agli altri e a mettersi in secondo piano. Quindi, mentre i ragazzi sono attesi e incoraggiati a comportarsi in modo forte, sicuro e dominante, le ragazze vengono punite per questo. I ragazzi sono anche incoraggiati a non mettersi in discussione se ricevono attenzione in modo negativo. Le ragazze, invece, dovrebbero essere in grado di controllarsi e mostrare considerazione. Ciò che si impara così presto nell'infanzia non cambia improvvisamente nell'età adulta. Tuttavia, ciò si verifica anche nelle donne, anche se in misura minore.

Tuttavia, non si tratta tanto di sedersi con le gambe divaricate, quanto di appoggiare la borsa o lo zaino sul sedile vuoto accanto al proprio posto. Questo si chiama shebagging. Tuttavia, meno persone hanno problemi a richiamare l'attenzione di una donna su questo aspetto; le donne hanno meno probabilità di ricevere uno spazio extra rispetto agli uomini. Se si trova di fronte a un manspreading o a uno shebagging, può reclamare silenziosamente il suo posto allargandosi anche lei, oppure può parlare con l'uomo o la donna che occupa troppo spazio, ma senza chiedere o scusarsi. Dopo tutto, non è lei che si sta comportando male, ha diritto allo spazio e può pretenderlo. Inoltre, di solito ci sono altre persone sul treno o sull'autobus che possono venire in suo aiuto in caso di emergenza.

Un altro esempio di discriminazione che non è immediatamente evidente: le toilette pubbliche. Probabilmente avrà notato che ci sono sempre code più lunghe davanti ai bagni delle donne rispetto a quelli degli uomini ai concerti o al cinema. Tuttavia, questo non è dovuto principalmente al fatto che le donne devono andare in bagno più spesso: Semplicemente ci sono più servizi igienici nelle toilette degli uomini. Secondo l'Ordinanza sui luoghi di riunione, devono essere disponibili otto toilette e dodici orinatoi per 1000 uomini; per le donne, ci sono solo dodici toilette. Sebbene la maggior parte delle toilette abbia la stessa superficie, gli orinatoi fanno sì che i metri quadrati possano essere utilizzati da più persone contemporaneamente.

Quindi non c'è da stupirsi che i bagni degli uomini siano più veloci. Inoltre, il normale utilizzo della toilette richiede più tempo per le donne che per gli uomini, per motivi anatomici. Inoltre, la maggior parte delle persone anziane e disabili sono di sesso femminile e quindi impiegano più tempo. Inoltre, un numero significativo di donne in età fertile ha le mestruazioni, il che significa che devono ancora cambiare gli assorbenti, i tamponi o le coppette mestruali. Senza dimenticare il fatto che le donne soffrono di infezioni alla vescica otto volte più spesso degli uomini e quindi hanno bisogno di andare in bagno più spesso. A causa di queste differenze biologiche, la distribuzione dei servizi igienici è tutt'altro che equa.

Se diamo uno sguardo ad altri Paesi, notiamo un problema ancora più grave quando si tratta di servizi igienici: il 30% di tutte le donne non ha accesso a servizi igienici sicuri. Secondo WaterAid, le ragazze e le donne trascorrono un totale di 97 miliardi di ore alla ricerca di un luogo sicuro per andare in bagno. Nei Paesi in via di sviluppo, molte lavoratrici cercano addirittura di evitare di andare in bagno tutto il giorno, per mancanza di un luogo sicuro e di acqua pulita. Di conseguenza, non bevono durante il giorno, il che le mette a rischio di disidratazione, infezioni della vescica e del tratto urinario e colpi di calore. A Mumbai, 2,5 milioni di donne non hanno nemmeno un bagno in casa e ci sono solo orinatoi gratuiti per gli uomini in pubblico. Nelle baraccopoli, ci sono solo circa sei servizi igienici per 8000 donne e anche in questo caso le donne preferiscono andare in un posto all'aperto. Le aggressioni sessuali si verificano spesso nei bagni pubblici, dove le donne subiscono prima un'imboscata e poi un'aggressione.

Poiché quasi nessuno vuole parlare di questo argomento, non esistono dati affidabili sul numero di aggressioni sessuali che le ragazze e le donne subiscono nei bagni pubblici. Tuttavia, si presume che le donne subiscano violenze sessuali da parte di uomini con una frequenza doppia rispetto alle donne che hanno un bagno a casa. Tuttavia, il fatto di lavarsi all'aperto aumenta il rischio di malattie come la poliomielite, la malattia infiammatoria pelvica, l'epatite, il colera e l'infestazione da vermi, a causa della mancanza di acqua pulita. Queste malattie uccidono milioni di persone in India ogni anno, soprattutto donne e ragazze.

ISTRUZIONE

Anche le ragazze e le donne vengono lasciate indietro quando si tratta di istruzione. Nei Paesi in via di sviluppo, molte di loro non vanno a scuola e circa due terzi di tutti gli analfabeti del mondo sono donne. Una delle ragioni è che molte famiglie non possono permettersi le tasse scolastiche. Anche se non è necessario pagare le tasse scolastiche, almeno per gli alunni della scuola primaria, ci sono comunque dei costi per i libri, le uniformi scolastiche e i pasti. Circa il 18% di tutti i bambini di età compresa tra i cinque e i quattordici anni lavora, senza contare i bambini che aiutano nelle faccende domestiche.

Le ragazze, in particolare, devono aiutare in casa; le bambine di dieci anni in Bangladesh passano in media dieci ore al giorno a farlo. Ciò significa che, oltre all'aspetto finanziario, non ci sarebbe aiuto in casa e le strutture patriarcali si consoliderebbero, per cui di diversi figli solo il maschio viene solitamente mandato a scuola. Le opportunità di carriera sono comunque significativamente migliori per i ragazzi e il viaggio verso la scuola è spesso considerato troppo pericoloso per le ragazze, mentre i ragazzi sono tenuti a fare lo stesso.

Soprattutto in situazioni di crisi, come guerre o disastri naturali, le ragazze vanno a scuola solo la metà delle volte rispetto ai ragazzi. La dipendenza dai loro futuri mariti è pre-programmata.

VITA PROFESSIONALE

Il divario retributivo di genere viene calcolato annualmente dal World Economic Forum e mostra la differenza di reddito lordo medio tra i due sessi. In termini di reddito, uomini e donne non sono ancora su un piano di parità, anche se le ragioni sono molteplici e non sono necessariamente intenzionali. In effetti, le donne guadagnano meno degli uomini in ogni gruppo professionale; in Germania, il divario retributivo è talvolta il più grande. Si fa una distinzione tra il divario retributivo di genere aggiustato e non aggiustato.

Il divario retributivo di genere corretto è del 2-7% e tiene conto di caratteristiche comparabili come la stessa professione, le stesse qualifiche e la stessa esperienza lavorativa. Pur avendo lo stesso lavoro e lo stesso background, le donne in Germania guadagnano quindi tra il 2 e il 7 % in meno degli uomini a causa della discriminazione. Tra l'altro, si presume generalmente che le donne rimarranno sicuramente incinte una volta e poi saranno assenti per un periodo di tempo più lungo, anche se il tasso di natalità continua a diminuire. Tuttavia, si presume direttamente che una donna non sia in grado di conciliare lavoro e vita familiare, e questo viene utilizzato per giustificare la riduzione della retribuzione o la mancata assunzione.

Il divario retributivo di genere non aggiustato è del 18%, che include nel calcolo non solo le caratteristiche comparabili, ma anche le retribuzioni nel loro complesso. Ciò significa che non si tiene conto delle qualifiche, dell'occupazione o dell'esperienza lavorativa. Invece, il divario retributivo è in gran parte dovuto al fatto che le donne hanno maggiori probabilità di lavorare a tempo parziale a causa del lavoro di cura, il che significa che guadagnano meno e hanno poche opportunità di promozione.

A causa delle possibili gravidanze e dei congedi di maternità, nonché dei congedi parentali, le donne si assentano più a lungo, il che ha anche un impatto negativo sulla loro carriera. Un'altra ragione è che le donne hanno maggiori probabilità di lavorare in professioni sottopagate, in particolare nel settore sociale, che sono sottopagate proprio perché sono dominate dalle donne. Gli uomini sono più propensi a lavorare in professioni prestigiose e dominate dagli uomini, come i settori dell'artigianato, dell'economia e dell'informatica, che sono quindi valorizzati in termini monetari.

Nonostante la parità di richieste e di sforzi, le professioni dominate dalle donne sono considerate dal pubblico in generale con stipendi più bassi rispetto alle professioni dominate dagli uomini. Le professioni in cui le donne sono fortemente sovrarappresentate includono, ad esempio, l'assistenza e l'infermieristica geriatrica o la professione di educatore. Queste professioni sono relativamente poco retribuite; nei settori a prevalenza femminile (le donne costituiscono l'87% del personale infermieristico), guadagnano circa 8 euro in meno all'ora rispetto alle professioni a prevalenza maschile. Tuttavia, le badanti in particolare hanno un'enorme responsabilità, devono svolgere un lavoro fisicamente impegnativo, lavorano a turni, sono esposte a livelli elevati di stress psicologico e hanno poche opportunità di rilassarsi.

Inoltre, un addetto alla raccolta dei rifiuti riceve un bonus per il sollevamento di carichi pesanti, mentre un infermiere geriatrico no. Anche nelle professioni che richiedono un titolo accademico, si guadagna meno nel settore dominato dalle donne: un assistente sociale guadagna circa 16 euro all'ora, un ingegnere circa 29 euro. Una delle ragioni di questa differenza è che la maggior parte delle professioni tipicamente femminili non sono mai state concepite per una carriera di successo. Dopo tutto, le donne di solito abbandonavano la professione dopo la nascita del primo figlio e si occupavano dell'educazione e della casa.

Sebbene la maggior parte delle persone sia favorevole a una retribuzione migliore per le professioni femminili tradizionali, la situazione reale è solitamente diversa. In uno studio, la ricercatrice sociale Katrin Auspurg ha scoperto che, a parità di qualifiche e di prestazioni, gli intervistati erano favorevoli a una retribuzione più alta per gli uomini che per le donne. Di conseguenza, la maggior parte ha riscontrato un divario retributivo tra i sessi di circa l'8%, nonostante la parità di lavoro.

A influenzare il divario retributivo di genere sono anche le diverse scelte educative e di carriera. Questo è influenzato dagli stereotipi di genere: alcuni settori sono visti come tipicamente maschili o tipicamente femminili, il che significa che le donne in particolare non si sentono sicure in una professione dominata dagli uomini e si considerano troppo prive di talento. Gli studi del 2001 e del 2004 dimostrano che gli stereotipi, come il presupposto che le donne non siano in grado di fare matematica, informatica o scienze, influenzano la loro percezione.

Nonostante le loro buone prestazioni, non si sentono in grado di ottenere lo stesso risultato degli uomini in queste materie. Gli uomini, invece, si considerano più talentuosi in queste aree, anche se hanno prestazioni uguali o peggiori rispetto alle donne. Questo arriva al punto che le donne fanno dipendere la loro formazione e il loro percorso di carriera dagli stereotipi e non dalle capacità personali. Secondo il rapporto TIMMS sulla matematica e il rapporto TIMMS sulle scienze, le ragazze sono in realtà migliori in matematica e scienze, in media. Tuttavia, anche con buoni voti, le ragazze hanno poca fiducia nelle loro capacità.

Inoltre, è già difficile per le donne accedere alla professione desiderata. Secondo uno studio condotto dagli economisti Dorothea Kübler, Robert Stüber e Julia Schmid, le aziende discriminano le donne al momento dell'assunzione dei tirocinanti, soprattutto nei settori dominati dagli uomini. Nonostante abbiano le stesse qualifiche e un titolo di studio altrettanto valido o addirittura migliore, hanno meno probabilità di essere assunte, si pensa che si integrino meno bene nel team e si vuole evitare l'assenteismo dovuto a potenziali gravidanze.

Un altro problema è che, soprattutto nelle piccole aziende dove in passato lavoravano solo uomini, non ci sono servizi igienici per le donne, che quindi dovrebbero essere costruiti prima. Molti datori di lavoro preferiscono risparmiarsi la spesa. Secondo gli economisti, il fatto che un candidato sia donna ha un effetto negativo simile a quello di una media inferiore di un intero voto.

Uno studio condotto dall'Università di Princeton nel 2012 ha anche analizzato in che misura il sesso dei candidati influisce sulle loro possibilità di essere assunti ed è giunto alla stessa conclusione: i soggetti del test hanno automaticamente ritenuto che un candidato di sesso maschile fosse più competente e avrebbero preferito assumerlo. Solo un divario di quattro anni nel CV ha avuto un effetto più negativo rispetto al genere. Le aziende con una maggiore diversità di genere hanno avuto più successo:

Le donne spesso apportano caratteristiche che in precedenza erano meno rappresentate, come migliori facoltà critiche, disponibilità, interazione sociale e prestano maggiore attenzione ai suggerimenti dei dipendenti di livello inferiore. Inoltre, un maggior numero di donne in azienda abbatte gli stereotipi esistenti. L'assunzione di un maggior numero di donne aiuta anche ad aumentare la percentuale di donne nell'azienda in futuro; avere almeno una donna nel processo di candidatura aumenta le possibilità di candidature femminili. Gli uomini che svolgono professioni dominate dalle donne, invece, non subiscono quasi alcuna discriminazione.

Un altro punto è la riluttanza delle donne a negoziare gli stipendi. Ciò è dovuto principalmente alla mancanza di consapevolezza di quanto possono chiedere. Secondo l'economista e formatore comportamentale Ljubow Chaikevitch, le donne in particolare si percepiscono come se valessero meno di quello che sono in realtà e sono già grate se vengono assunte. Soprattutto se il loro lavoro piace, tendono a vederlo come un hobby e non apprezzano i propri talenti.

Infatti, a differenza degli uomini, le donne vengono educate fin dall'infanzia a un comportamento riservato, modesto e tranquillo, che raramente cambia nel corso della vita. Per questo motivo, tendono a essere punite per i comportamenti tipicamente maschili, ai quali non sono abituate e che si manifestano con la sicurezza di sé, la dominanza e la disinvoltura. Questo comportamento non è tollerato da loro, poiché ci si aspetta semplicemente che siano "gentili" e modeste. Gli uomini, invece, sono rispettati e persino lodati per lo stesso comportamento.

Se è in grado di negoziare da solo un salario migliore, può farlo: Ricerchi il suo valore di mercato, il salario abituale nel suo settore, parli con i colleghi dello stesso livello gerarchico e prenda nota dei suoi successi sul lavoro. Deve argomentare con le sue prestazioni e il suo valore aggiunto, non con le circostanze personali. È anche utile ripassare più volte l'incontro di negoziazione salariale in anticipo, in modo da poter reagire con calma e sicurezza durante l'incontro reale.

Anche la maternità è un fattore significativo del divario retributivo. Poiché le donne si fanno carico della maggior parte del lavoro di cura e sono meno in grado di lavorare a tempo pieno, per non parlare degli straordinari, soprattutto con i bambini, si trovano in una posizione di svantaggio rispetto ai colleghi uomini. Grazie alla loro partner, gli uomini con figli possono di solito lavorare anche più ore rispetto a quelli senza figli. Inoltre, le donne hanno più difficoltà a entrare nelle reti maschili; uscire a cena o a golf con i colleghi o i capi dopo il lavoro è difficilmente possibile con i bambini a casa.

Per questo motivo, le donne sono più propense a rinunciare al desiderio di un percorso di carriera ripido;

all'inizio della carriera, circa il 43% di tutte le donne desidera ancora ricoprire posizioni dirigenziali, ma dopo cinque anni di lavoro questa cifra scende al 16%. Per gli uomini, il desiderio rimane lo stesso. Secondo uno studio dell'Istituto tedesco per la ricerca economica (DIW Berlin), solo un uomo su quattro prende il congedo parentale e la maggior parte di loro prende solo i due mesi che danno diritto all'indennità parentale.

Secondo uno studio pubblicato sull'American Journal of Sociology nel 2007, le madri sono anche considerate meno competenti e meno impegnate nel lavoro rispetto agli uomini e vengono pagate meno. Inoltre, ci si aspetta che le madri soddisfino esigenze più elevate rispetto agli uomini; hanno meno probabilità di assentarsi dal lavoro e devono ottenere risultati migliori. Sorprendentemente, è stato riscontrato che questo non vale per i padri; a loro vengono poste richieste inferiori rispetto agli uomini senza figli.

Le donne devono affrontare problemi non solo in termini di processo di candidatura, di reddito o di come vengono percepite dagli altri nella loro vita professionale. Hanno anche difficoltà a salire nella scala della carriera e a raggiungere posizioni dirigenziali. Questo è noto come effetto "soffitto di vetro".

Le donne di solito incontrano questo ostacolo a partire dalla posizione di middle management, al di sopra della quale hanno difficoltà a progredire. Ancora una volta, la ragione di ciò risiede negli stereotipi che generalmente negano alle donne la loro competenza, le loro qualifiche e la loro assertività, oltre che in un clima aziendale incentrato sugli uomini e nella mancanza di accesso alle reti per creare contatti. Gli studi hanno dimostrato che gli uomini non solo danno priorità all'assunzione di uomini, ma anche alla loro promozione.

Come in molti altri settori, si presume anche che le donne rimarranno incinte e saranno assenti per un periodo di tempo più lungo, quindi è meglio assumere qualcuno che non corra questo rischio. Le donne subiscono ancora discriminazioni e scarsa stima anche quando hanno già scalato la carriera. Secondo un sondaggio del 2015, il 75% di tutte le donne manager ha già sperimentato la discriminazione. Nel 2012, la percentuale era solo del 61%.

Vengono discriminate perché non vengono trattate alla pari, perché ricevono meno spesso le auto aziendali, perché vengono mandate a prendere il caffè più spesso o perché vengono fatte svolgere compiti umili simili, oltre che attraverso commenti e insulti sessisti. La discriminazione si manifesta anche nel fatto che alle donne vengono assegnati progetti peggiori, se vengono prese in considerazione nel processo di selezione, vengono invitate meno spesso agli eventi di networking e ricevono stipendi e bonus inferiori. La cultura aziendale incentrata sugli uomini rende inoltre difficile per le donne realizzare il proprio potenziale:

Le donne con figli sono limitate nella loro mobilità, hanno almeno piccole lacune nel loro curriculum e non possono essere disponibili spontaneamente. Tuttavia, questo è normalmente previsto. Questo problema sarebbe risolto se si abbandonassero gli stereotipi di genere e si incoraggiassero gli uomini a svolgere più lavoro di cura per liberare il tempo delle donne. Anche gli asili aziendali, il lavoro da casa e gli orari flessibili consentono di ottenere prestazioni migliori.

Nel complesso, tuttavia, è stato smentito il fatto che le donne hanno prestazioni inferiori e causano un tasso di turnover più elevato. Inoltre, le soft skills come l'empatia, le capacità comunicative e organizzative, l'ascolto attivo, il pensiero critico e la motivazione, che le donne in particolare sono formate a sviluppare, sono spesso sottovalutate. Sebbene queste qualità siano riconosciute nelle posizioni manageriali più basse, ai livelli superiori sono tipicamente le qualità maschili, come l'assertività e la determinazione, a contare di più.

È stato riscontrato che le donne in posizioni dirigenziali possono migliorare significativamente la cooperazione e garantire una maggiore efficacia ed efficienza, oltre a frenare l'eccessiva fiducia in se stessi di molti CEO. Sono anche più brave nella gestione delle crisi e più aperte ai suggerimenti e alle critiche. Un gruppo misto di genere ottiene un successo maggiore. Tuttavia, la percentuale di donne nei consigli di amministrazione di un totale di 2101 aziende era solo del 7,7% nel 2017. E l'80,7% delle aziende non ha alcuna donna nel proprio consiglio di amministrazione. Tuttavia, quasi nessuna azienda vuole cambiare la situazione attuale: il 78,2% di tutte le aziende non ha alcun obiettivo o ha un obiettivo pari a zero per la percentuale di donne nel consiglio di amministrazione.

Al fine di migliorare la diversità nelle aziende, il 1° gennaio 2016 è stata quindi introdotta in molti luoghi una quota per le donne. In futuro, le società quotate in borsa con più di tre membri del Consiglio di Amministrazione dovranno avere almeno una donna nel Consiglio di Amministrazione. Dall'introduzione di questi requisiti, la percentuale di donne in posizioni dirigenziali nelle aziende interessate è aumentata dal 25% al 35,4%. Nelle aziende a cui non si applicano i regolamenti, la percentuale è solo del 19,9%.

Oltre al divario retributivo di genere, c'è anche il divario pensionistico di genere, che mostra la differenza tra i redditi pensionistici di uomini e donne. A causa delle ragioni del reddito più basso descritte sopra, anche in questo caso c'è una grande differenza. Per quanto riguarda la sola pensione legale, in Germania c'è un divario pensionistico di genere del 58,5%. Gli uomini ricevono una pensione media di 1.148 euro, mentre le donne ricevono solo 711 euro. Le persone colpite dalla povertà in età avanzata, quindi, spesso devono svolgere lavori part-time o ritirare i biberon in età avanzata e riescono a malapena a sbarcare il lunario. Inoltre, la povertà in età avanzata comporta una vita più breve, problemi di salute e ritiro sociale.

In particolare, in Asia orientale, Asia meridionale, Asia centrale e Nord Africa, le donne valgono meno degli uomini; secondo l'UNICEF, si stima che oltre un milione di feti vengano abortiti ogni anno solo in India e in Cina, semplicemente perché si prevede che saranno di sesso femminile.

Anche da neonate o da piccole, le ragazze in queste regioni sono spesso deliberatamente poco curate per provocare la loro morte o vengono uccise del tutto. In India, ciò avviene principalmente per motivi finanziari; le donne sono più a rischio quando si sposano a causa della dote. In questa dote, i beni o gli oggetti domestici vengono consegnati dal padre della sposa al padre dello sposo, il che comporta un elevato esborso finanziario. Anche i costi della scuola e dell'istruzione sono elevati. In Cina, gli aborti di feti femminili sono più di natura culturale, in quanto le donne sono generalmente considerate meno preziose e l'uomo è il capofamiglia.

Inoltre, la "politica del figlio unico" è stata in vigore dal 1978/1989 al 2015, durante la quale una famiglia poteva avere un solo figlio. Le violazioni erano soggette a una multa e a sanzioni come la perdita del lavoro o della casa. A causa della tradizione confuciana di mantenere la successione maschile, le ragazze venivano spesso abortite.

Secondo un rapporto del Fondo delle Nazioni Unite per la Popolazione (UNFPA), le ragazze e le donne povere hanno un numero di figli tre volte superiore a quello delle persone ricche, a causa della mancanza di accesso alla contraccezione e all'istruzione. Circa 214 milioni di donne nei Paesi in via di sviluppo sono colpite dalla mancanza di accesso alla contraccezione; il 43% di tutte le gravidanze sono involontarie. Si stima che circa 48 milioni di bambini vengano abortiti ogni anno. Secondo il Ministro dello Sviluppo tedesco Gerd Müller, l'istruzione primaria può ridurre il tasso di gravidanza del 13% e l'istruzione secondaria fino al 42%.

I contraccettivi sono visti come un mezzo di libertà e autodeterminazione, perché da quando sono stati introdotti, le donne in Germania hanno potuto decidere per la prima volta se vogliono esporsi o meno al rischio di gravidanza.

Quando la pillola contraccettiva è arrivata sul mercato circa 60 anni fa, è stata vista come un segno di emancipazione. Nel corso degli anni, i possibili effetti collaterali divennero sempre più evidenti; le donne soffrivano di sbalzi d'umore, emicranie, aumento di peso, perdita della libido, pelle più scadente, attacchi di panico, depressione, sanguinamento intermestruale e aumento del rischio di trombosi e cancro. In un sondaggio, il 55% di tutte le donne ha dichiarato che la contraccezione con la pillola o altri contraccettivi ormonali, come la spirale ormonale, ha avuto effetti negativi sul loro corpo e sulla loro mente. Soprattutto le ragazze giovani spesso non ricevono informazioni sufficienti e viene loro prescritta la pillola, come la Tictacs, anche se è stato dimostrato che ha effetti sul corpo a livello fisico e psicologico.

Quando si sospende la pillola, il corpo a volte ha bisogno di sei-dodici mesi per abituarsi al cambiamento, e molte donne si rendono conto solo in questo periodo di quanto sono cambiate sotto l'influenza della pillola. Data l'entità degli effetti collaterali, la pillola non dovrebbe più essere sul mercato dal punto di vista odierno.

La tendenza si sta spostando dai contraccettivi ormonali verso i preservativi, lo IUD al rame, la catena di rame o la misurazione della temperatura e l'analisi del muco cervicale. Purtroppo, però, non viene condotta quasi nessuna ricerca sulle alternative non ormonali, poiché i contraccettivi ormonali generano molto denaro per l'industria farmaceutica. La contraccezione è ancora vista come una questione femminile, per gli uomini c'è solo il preservativo, che indirettamente è usato anche dalle donne, e la vasectomia come taglio parzialmente reversibile dei dotti spermatici. Sebbene la pillola contraccettiva maschile sia già in commercio, il 10% dei soggetti sottoposti al test ha lamentato mal di testa, sbalzi d'umore e perdita della libido.

Sebbene ciò si sia verificato nella stessa misura delle donne, il prodotto è stato rapidamente scartato. Se venisse condotta una ricerca più intensiva sulle opzioni contraccettive per gli uomini, questi potrebbero alleggerire il peso sulle donne e allo stesso tempo avere maggiore voce in capitolo nella pianificazione familiare. Anche se la ricerca sulle alternative è già in corso e la maggioranza degli uomini è favorevole a più opzioni contraccettive, mancano i finanziamenti dell'industria farmaceutica. Per il momento, la contraccezione rimane una questione femminile.

Non è solo la pillola a non essere migliorata. C'è un'enorme lacuna di dati nel campo della medicina, in quanto i farmaci esistenti sono in gran parte concentrati e studiati sugli uomini. Il corpo maschile è visto come la norma, quello femminile come "anormale" e "atipico". Un tempo si presumeva che la biologia degli uomini e delle donne funzionasse più o meno allo stesso modo, ma oggi ne sappiamo di più. Ciononostante, i farmaci sono adattati al tipico uomo di 70 chilogrammi, i libri di testo di medicina mostrano quasi esclusivamente illustrazioni maschili e mancano informazioni specifiche sul genere anche su argomenti in cui le differenze di genere sono note da tempo. Tali differenze esistono in particolare per malattie come la depressione, l'HIV, il cancro, la dipendenza da alcol e gli attacchi di cuore.

Un infarto nella donna è caratterizzato da nausea, vomito, dolore alla schiena o al collo e una sensazione di oppressione al petto; nell'uomo, invece, da un dolore lancinante al petto che si irradia al braccio sinistro. Tuttavia, poiché le scuole di medicina insegnano principalmente i sintomi maschili, un attacco cardiaco in una donna viene riconosciuto raramente o mai. Gli studi clinici sui farmaci sono stati presentati come validi sia per gli uomini che per le donne, anche se solo gli uomini potevano partecipare.

Gli effetti collaterali dei farmaci nelle donne spesso non sono nemmeno elencati nel foglietto illustrativo e il dosaggio dei farmaci è solitamente destinato al corpo di un uomo e ha un effetto completamente diverso su una donna. Queste lacune nei dati sono note come gender data gap. Dagli anni '90, gli studi sui farmaci devono essere condotti anche sulle donne. Tuttavia, la percentuale di soggetti di sesso femminile nei primi studi clinici di fase I è solo del 10-40%, nella fase II e III del 30-80%. In molte aree, le donne avrebbero dovuto partecipare due volte di più per ottenere risultati validi.

DESIGN

Non sono solo le droghe ad essere rivolte agli uomini. Quando si deve testare la sicurezza delle automobili, si utilizzano manichini per i crash test che dovrebbero corrispondere al corpo umano. Tuttavia, fino a poco tempo fa, veniva utilizzato un manichino con un'altezza di 1,77 metri e un peso di 76 chilogrammi; in altre parole, un manichino che corrisponde all'altezza media maschile. Di conseguenza, le donne hanno un rischio superiore del 47% di subire lesioni gravi e il rischio di morte è superiore del 17%.

Poiché le donne sono solitamente più piccole e più leggere, il poggiatesta fa più fatica ad assorbire l'impatto e la cintura di sicurezza non tiene conto del seno e del pancione. Inoltre, poiché le donne di solito devono regolare il sedile più in alto e più in avanti, si discostano dalla posizione standard e quindi aumentano il rischio di lesioni interne. Un test di omologazione UE ora richiede anche che il test venga effettuato con un manichino adattato per le donne. Tuttavia, questo viene utilizzato solo sul sedile del passeggero anteriore ed è solo un manichino maschile più piccolo.

La dimensione maschile, che dovrebbe valere per tutte le persone, non solo mette le donne in una posizione di svantaggio nello sviluppo delle automobili. Anche i pianoforti sono adattati alla mano di un uomo medio, per cui l'87% di tutte le pianiste adulte sono svantaggiate. Questo ha un impatto sulla loro salute, in quanto hanno maggiori probabilità di soffrire di malattie legate al lavoro e hanno il doppio del rischio di dolore. Inoltre, possono esibirsi al pianoforte solo con lo stesso livello di difficoltà degli uomini.

Un altro prodotto progettato per le mani degli uomini è il telefono cellulare. Un uomo di media statura può utilizzare il suo smartphone normalmente, mentre una donna di media statura ha bisogno di entrambe le mani. Anche il software di riconoscimento vocale di Google è stato programmato da una prospettiva maschile. La voce maschile ha quindi il 70% di probabilità in più di essere riconosciuta rispetto a quella di una donna. Questo può anche essere pericoloso: Il software di riconoscimento vocale nelle auto dovrebbe aumentare la sicurezza di guida e prevenire la distrazione. Tuttavia, se ci sono problemi in questo senso perché il software trova più difficile riconoscere la voce di una donna, la distrazione è ancora più probabile.

Il vicepresidente del riconoscimento vocale del produttore di navigazione per auto ATX, Tom Schalk, ha spiegato che le donne dovrebbero semplicemente adattare la loro voce al sistema, anziché il contrario. Incolpare le donne per un problema di cui non sono responsabili è sempre stato più facile che affrontare il problema alla radice. In realtà, la voce delle donne è più facile da capire, perché parlano più lentamente e chiaramente e allungano maggiormente le vocali rispetto agli uomini. Purtroppo, questo non aiuta se i database sono pieni solo di voci maschili, sulla base delle quali viene poi sviluppato un software.

Queste non sono affatto tutte le aree in cui il design di un prodotto è fatto su misura per gli uomini. La temperatura dell'ufficio è di cinque gradi troppo fredda per la donna media, le porte sono troppo pesanti, i mobili sono troppo alti. Questo elenco non è esaustivo, poiché molte aree in cui le donne sono svantaggiate non vengono nemmeno riconosciute. Il motivo è che per secoli agli uomini è stato permesso di prendere tutte le decisioni e di contribuire solo con la loro prospettiva; le donne sono state invisibili sullo sfondo per molto tempo. I loro corpi e la loro visione del mondo sono stati trattati come la norma universale e questo sta cambiando solo lentamente.

POLITICA DEL CORPO

Inoltre, le donne vengono giudicate in modo dispregiativo soprattutto in base al loro aspetto. Soprattutto quando appaiono autodeterminate e sicure di sé, come spesso accade a politici, scienziati o dirigenti, il loro abbigliamento viene commentato o il loro corpo viene insultato. L'obiettivo è quello di negare il loro posto, delegittimarle e dimostrare che non sono considerate con rispetto.

Le donne in sovrappeso sono trattate in modo molto meno favorevole rispetto alle donne magre. L'aspetto è sempre stato importante e le donne attraenti sono sempre state trattate meglio e considerate più simpatiche. Tuttavia, le proporzioni di oggi sono senza precedenti. Alle donne viene insegnato che devono essere belle per avere valore, il che è discutibile da un punto di vista sociale, medico e morale.

I media svolgono un ruolo importante, diffondendo l'immagine del corpo perfetto di una donna e presentandolo come l'ideale assoluto. In 5000 pubblicità ogni giorno, alle donne viene detto che devono piacere agli uomini ed essere un oggetto sessuale. L'industria cosmetica e della moda sostiene questo aspetto, qualsiasi imperfezione sul corpo delle modelle viene ritoccata e i loro corpi sono photoshoppati. I programmi dietetici e i frullati proteici hanno più successo che mai. Le supereroine femminili indossano abiti succinti e molto trucco e la classica Barbie, che funge da modello per molte ragazze, non sarebbe nemmeno realizzabile a causa della sua forma del corpo irrealistica.

Ci sono programmi come "Germany's Next Topmodel", durante il quale mezza Germania prende in giro i tentativi delle donne di fare le modelle. Le assistenti di volo devono indossare determinati trucchi e tacchi alti. E i prodotti o i servizi che hanno a che fare con l'aspetto, come i rasoi e le visite dal parrucchiere, sono più costosi per le donne che per gli uomini. Le donne si confrontano ovunque con il loro aspetto. L'autostima è determinata ancora di più dal giudizio sul loro corpo rispetto agli uomini, perché le donne sono sempre state più bersaglio della rappresentazione estetica rispetto agli uomini. Questo porta alla depressione, alla chirurgia estetica e all'aumento dei disturbi alimentari.

VIOLENZA

Inoltre, le donne sono colpite dalla violenza in misura superiore alla media; l'81% delle vittime di violenza domestica sono donne. La violenza avviene spesso in ambienti ristretti; ogni 45 minuti una donna è vittima di un'aggressione da parte del partner. Secondo uno studio dell'UE, solo un caso su tre di violenza domestica viene denunciato. La violenza sessuale è la forma più comune di violenza contro le donne; il 30% di tutte le donne in Europa ne sono o sono state vittime. Dei 15 milioni di ragazze di età compresa tra i 15 e i 19 anni in tutto il mondo che hanno già subito violenza sessuale, nove milioni l'hanno subita nell'ultimo anno.

E sorprendentemente, in un caso su quattro, l'autore del reato è l'ex o attuale partner della vittima. Nei casi di stupro, coercizione sessuale e aggressione sessuale in coppia, la donna è la vittima in oltre il 98% dei casi, nell'89% dei casi di stalking, minacce o aggressione, nel 79,5% dei casi di aggressione e nel 76,4% dei casi di omicidio. Ogni giorno, un uomo tenta di uccidere la sua partner attuale o precedente, e ogni tre giorni ci riesce. Tuttavia, questo è in gran parte un argomento tabù; i media spesso si riferiscono ad esso come ad una "tragedia familiare" o ad un "dramma della gelosia". Di conseguenza, questi cosiddetti femminicidi sono visti come casi individuali e non come un fenomeno che riguarda la società nel suo complesso. La situazione emotiva può persino avere un effetto attenuante sulla sentenza.

In effetti, la violenza subita da bambino ha un impatto significativo sulla vita adulta. Se ha subito abusi da parte dei genitori, ha tre volte più probabilità di subire violenza da parte del partner da adulto, rispetto ai bambini che non hanno avuto esperienze di questo tipo. Inoltre, il 75% di tutte le donne ha subito molestie sessuali almeno una volta nella vita. Il luogo della molestia varia; avviene su Internet, a casa, al lavoro, fuori, durante il tempo libero.

Questo non accade solo nei gruppi socialmente svantaggiati o solo in alcune fasce d'età, ma ovunque. Le molestie sono percepite come umilianti e spaventose. Le vittime di violenza sessuale spesso devono persino giustificarsi, come se fossero in qualche modo colpevoli. Un'aggressione sessuale è spesso giustificata dall'abbigliamento della vittima, come se la molestia fosse stata provocata e l'aggressore non potesse trattenersi se indossava un vestito corto. L'abbigliamento non gioca quasi mai un ruolo in questo caso, poiché i reati contro l'autodeterminazione sessuale non diminuiscono in inverno, quando tutti indossano abiti caldi.

Una causa di violenza sessuale è piuttosto il comportamento di dominio e di potere. Gli autori vogliono dominare l'altra persona e farla propria sessualmente. Un'altra ragione è il desiderio di mettere in atto un'aggressione sessuale nei confronti di una donna per vendicarsi dell'intero sesso femminile, che è presumibilmente responsabile di tutte le disgrazie della vita dell'aggressore. La maggior parte degli autori ha un'autostima molto bassa, non ha rispetto e alcuni sono persino sadici.

Anche gli autori di molestie sessuali, che si manifestano con commenti osceni, richieste di atti sessuali o l'invio di foto sessiste o pornografiche, ad esempio, presentano caratteristiche simili. Anche in questo caso si tratta di una dimostrazione di potere, di degradazione dell'altra persona e di mancanza di rispetto. Per molto tempo, tali reati non sono stati presi sul serio, taciuti e liquidati come una questione minore.

Ma c'è un cambiamento: si stanno organizzando campagne per educare le persone. Invece di "Proteggi tua figlia", il messaggio è ora "Educa tuo figlio". Ci sono sempre più appelli a denunciare alla polizia anche le molestie presumibilmente minori, per far capire che questi comportamenti hanno delle conseguenze e non sono più accettati in silenzio. Il dibattito MeToo dell'ottobre 2017 ha fatto il giro del mondo. L'hashtag #MeToo è stato utilizzato sui social network sulla scia dello scandalo Harvey Weinstein per attirare l'attenzione sulla portata delle molestie e delle aggressioni sessuali.

Harvey Weinstein, il produttore cinematografico più influente di Hollywood, ha usato il suo potere per molestare sessualmente, abusare, costringere o stuprare innumerevoli donne. Tra le donne coinvolte ci sono sue dipendenti, colleghe e attrici come Cara Delevingne, Angelina Jolie, Salma Hayek e Gwyneth Paltrow. Dopo che le due giornaliste Jodi Kantor e Megan Twohey del New York Times hanno denunciato il comportamento di Weinstein, si è innescata una reazione a catena e sempre più donne importanti hanno raccontato le loro esperienze di violenza sessuale da parte di Harvey Weinstein.

Si è saputo che molte persone a lui vicine, come l'intero consiglio di amministrazione della Weinstein Company e l'attore Ben Affleck, ne erano a conoscenza, ma hanno tenuto la questione sotto silenzio. Successivamente, è iniziata una discussione pubblica sulla deliberata ignoranza di comportamenti e molestie sessuali e Harvey Weinstein è stato condannato a 23 anni di carcere l'11 marzo 2020.

Tuttavia, l'hashtag MeToo non è stato utilizzato solo in relazione a Weinstein; la stilista e produttrice Alyssa Milano ha invitato su Twitter le persone a riferire le proprie esperienze di violenza e molestie sessuali con #MeToo. Il giorno successivo all'appello, l'hashtag contava già mezzo milione di tweet. Al fine di intraprendere un'azione più severa contro le molestie sessuali, è stato persino creato il sito web "Dickstinction.com", dove è possibile segnalare facilmente un "Dickpic" (una foto di un genitale nudo che qualcuno ha inviato). Si discute anche di rendere il catcalling un reato penale nel codice penale. Il catcalling, che descrive il chiamare e fischiare in modo osceno alle spalle di qualcuno, è già un reato penale in Francia e in alcuni altri Paesi, mentre è considerato un insulto solo in alcuni casi in Germania.

Il fatto che gli uomini siano considerati la norma è ancora evidente nel linguaggio. Quando parliamo di un gruppo misto di genere, usiamo solo la forma plurale maschile: medici, insegnanti, alunni e così via. Questa forma si chiama maschile generico. Generico significa che la parola è un termine generico universalmente valido.

Con questo modo di parlare, utilizziamo l'uomo come norma e rendiamo la donna invisibile. Al contrario, dovrebbero semplicemente sentire che anche loro sono intese. In realtà, ci rendiamo conto che non è così. Le ragazze e le donne non si sentono indirizzate o considerate dalla forma maschile. Ed è già stato stabilito con i bambini delle scuole che immaginano persone di sesso maschile solo quando un gruppo utilizza la forma maschile generica. In alternativa, il linguaggio adatto al genere sta guadagnando terreno, in particolare nei media e nelle università, dove medici, insegnanti, alunni, ecc. sono scritti con un asterisco dopo il gambo della parola. Questo indica sia la forma maschile che quella femminile e l'asterisco al centro indica tutti gli altri generi che non sono né maschili né femminili. Al posto dell'asterisco, si possono usare anche i due punti, la I interna, una barra o una formulazione di genere neutro (ad esempio "gli insegnanti") per la gendering, al fine di rivolgersi a persone non binarie.

Viene lasciato un breve spazio dove appare il carattere speciale quando si parla. In questo modo, tutti i generi sono inclusi e presenti. Questo ha un effetto: in una classe scolastica in cui il genere è stato invertito, un numero significativamente maggiore di ragazze ha osato intraprendere professioni dominate dagli uomini e discostarsi dal modello di ruolo stereotipato. E quando gli annunci di lavoro erano di genere, un numero significativamente maggiore di donne si è candidato. Il maschile generico da solo non garantisce che tutti i generi siano presi in considerazione, ma ha un effetto di supporto, come ha scoperto il linguista Josef Klein. I critici ritengono che la genderizzazione disturbi il flusso della lettura. Tuttavia, gli studi hanno dimostrato che è possibile abituarsi rapidamente al nuovo modo di scrivere e parlare, se il genere viene utilizzato in modo coerente.

IL FEMMINISMO È ANCHE PER GLI UOMINI?

Come ha capito, il femminismo è ancora molto lontano dal raggiungere il suo obiettivo. Nel frattempo, l'anti-femminismo è in aumento in tutto il mondo; molti uomini temono i cambiamenti imminenti e vedono i loro privilegi messi a rischio. Inoltre, il femminismo è spesso equiparato all'odio verso gli uomini, anche se si limita a criticare il trattamento preferenziale degli uomini.

La maggiore presenza di donne spesso innesca una riluttanza a impegnarsi in una sistematica propaganda misogina, in particolare su Internet. Il femminismo non è solo a favore delle donne, ma si oppone anche alla discriminazione di tutti i generi. Quasi nessun uomo vorrebbe una vita caratterizzata da giochi di potere, discriminazione e oppressione. Dopotutto, anche gli uomini soffrono di cliché di ruolo radicati: è difficilmente riconosciuto nella società che gli uomini mostrano "momenti di debolezza". Conosciamo tutti modi di dire come "sii uomo", "un cuore indiano non conosce dolore" o insulti come "tu ragazza" per criticare l'espressione dei sentimenti, la cura o la tenerezza.

L'immagine diffusa secondo cui gli uomini devono sempre essere coraggiosi e forti si chiama mascolinità tossica. Di conseguenza, gli uomini sono meno propensi a cercare aiuto per non mostrare alcuna nudità. Molti studi hanno dimostrato che più forte è l'adesione alle norme della mascolinità classica, più alto è il rischio di sviluppare la depressione. La percentuale di malattie mentali registrate è più alta tra le donne che tra gli uomini, ma gli uomini si suicidano molto più spesso. Secondo l'Ufficio federale di statistica, la percentuale di suicidi maschili nel 2019 è stata di circa il 76%.

La causa principale del suicidio è la depressione; oltre il 70% dei suicidi aveva precedentemente sofferto di questa malattia. Anche se gli uomini vogliono farsi aiutare in tempo, la depressione viene riconosciuta molto meno spesso in loro, poiché è ancora considerata una "malattia femminile" nella coscienza pubblica. A causa di questo pensiero, sono state condotte meno ricerche sulla depressione negli uomini. Oggi si sa che la depressione si manifesta in modo diverso negli uomini rispetto alle donne: L'aumento dell'aggressività e il comportamento di dipendenza sono più frequenti. A causa della mancanza di ricerca e delle conseguenti diagnosi errate, il numero di casi di uomini depressi non segnalati è quindi significativamente più alto di quanto si pensasse in precedenza. Non è solo nell'ambito della malattia mentale che gli uomini cercano meno aiuto; in genere consultano meno spesso l'assistenza medica e risolvono i problemi più spesso con la violenza, il che porta ai frequenti atti di violenza contro le donne descritti sopra.

Inoltre, secondo uno studio pilota condotto dal Ministero Federale per la Famiglia, gli Anziani, le Donne e i Giovani nel 2004, gli uomini sono più spesso vittime di violenza fisica da parte di altri uomini; la controparte è maschile nel 90% dei casi. Come nel caso della violenza domestica, questo fenomeno spesso non viene preso sul serio o viene taciuto, il che significa che il numero esatto di incidenti e di vittime non è chiaro.

Anche gli uomini hanno difficoltà come educatori. In oltre due terzi di tutti gli asili nido, non c'è un solo educatore; questa è ancora una professione dominata dalle donne. Se un uomo decide di lavorare come educatore, attira di conseguenza l'attenzione e viene rapidamente sospettato di voler abusare sessualmente dei bambini. A causa del modello di ruolo tradizionale, molte persone trovano insolito che un uomo voglia lavorare con i bambini ed educarli e lo accusano di pedofilia senza alcuna prova. In passato, agli uomini non era quindi consentito nemmeno cambiare il pannolino ai bambini durante la formazione. Questo nonostante il fatto che gli educatori maschi possano dimostrare di essere dei modelli maschili per i bambini, siano altrettanto qualificati professionalmente delle donne e ci sia già una carenza di manodopera qualificata nel settore. Al fine di migliorare l'accettazione sociale, sono in corso campagne pubblicitarie, l'ingresso laterale nella professione è reso possibile e i professionisti dell'assistenza all'infanzia possono fare rete nei forum online.

Ci sono anche svantaggi per gli uomini in relazione al sistema scolastico. Le ragazze tendono ad essere valutate meglio dei ragazzi, perché spesso sono più tranquille, vogliono compiacere gli insegnanti e hanno una calligrafia più bella. Gli insegnanti spesso non sono in grado di gestire gli alunni pubescenti; la pubertà si manifesta in modo diverso nei ragazzi rispetto alle ragazze ed è meno compresa. Inoltre, le ragazze riescono a convincere meglio gli insegnanti ad alzare i voti, perché tendono a piangere più spesso.

Anche nel diritto di famiglia, gli uomini subiscono più spesso discriminazioni rispetto alle donne. Fino al 2013, un padre non sposato con la madre del bambino non poteva ottenere l'affidamento contro la volontà della madre. Ma questo non è l'unico punto della legge che discriminava gli uomini fino a poco tempo fa: a prescindere dal fatto che il servizio militare obbligatorio è ora controverso, fino al 2011 c'era solo l'obbligo legale per ogni cittadino di sesso maschile di svolgere il servizio militare.

Da allora, il servizio militare obbligatorio è stato sospeso, ma non completamente abolito. In caso di guerra, solo gli uomini dovrebbero prestare il servizio militare, le donne no. Ciò viola il principio della parità di trattamento di cui all'Articolo 3 della Legge Fondamentale. Tuttavia, la Corte Costituzionale Federale ha stabilito che il servizio militare obbligatorio non è invalido, in quanto il legislatore ha successivamente incluso il "servizio militare obbligatorio per gli uomini" nella legge, creando così una legge speciale che ha prevalso sull'Articolo 3. Tuttavia, questo ragionamento è discutibile. Tuttavia, questo ragionamento è discutibile.

Spesso si sostiene che, in media, le donne sono considerate meno adatte al servizio militare rispetto all'uomo medio a causa di differenze fisiologiche e biologiche. Questo non è convincente, in quanto ci sono compiti più che sufficienti nella Bundeswehr che possono essere svolti anche da persone fisicamente più deboli, e sarebbe necessario creare un criterio neutrale rispetto al genere.

Dopotutto, le donne possono anche essere più forti degli uomini, quindi una generalizzazione generale non ha senso. Un'altra argomentazione popolare è che le donne sacrificano una parte simile della loro vita per partorire e crescere i figli o per prendersi cura dei parenti. Anche questo è discutibile, in quanto le donne non sono obbligate a partorire, i bambini che nascono sono sempre meno e gli uomini dovrebbero essere incoraggiati a partecipare al lavoro di cura e al congedo parentale. Tuttavia, la normativa è ancora caratterizzata da modelli di ruolo stereotipati.

Gli studi dimostrano che anche gli uomini se la cavano meglio in un mondo di pari diritti e pari status. Molti uomini agiscono già in modo femminista senza rendersene conto. Forse anche lei ha già sostenuto il femminismo, ad esempio aiutando una donna che ha subito molestie sessuali o volendo dare a una donna lo stesso stipendio dei colleghi maschi dopo il suo ultimo colloquio di lavoro. Anche se ha messo in discussione le immagini di genere comuni, ha criticato i suoi amici per le idee sessiste o ha lasciato che suo figlio giocasse con le bambole, ha già contribuito al femminismo. Otteniamo il massimo quando ci uniamo e lottiamo

insieme contro le ingiustizie nel mondo, indipendentemente dal genere.

Cosa posso fare per il femminismo?

Ora ha appreso che cos'è il femminismo, le diverse scuole di pensiero, quali sono i suoi obiettivi e perché è importante. Purtroppo, secondo lo studio di Ipsos Global Advisor, solo il 28% delle donne tedesche si considera femminista e solo un uomo su cinque.

Questo pone la Germania al quartultimo posto rispetto ad altri 27 Paesi. Tuttavia, tutti noi dovremmo vedere il femminismo come un'opportunità per abolire la discriminazione basata sul genere, al fine di creare una società senza tali differenze. Può scoprire come diventare femminista nei seguenti passi.

1. si informi!

Cerchi di imparare il più possibile sul femminismo e sul sessismo e su come si manifestano nel nostro mondo e lo cambiano. Può leggere libri sull'argomento, guardare documentari e reportage o ascoltare podcast e audiolibri. Può anche chiedere ai suoi amici e conoscenti di parlare dell'argomento. In questo modo sarà più consapevole delle discriminazioni di qualsiasi tipo e potrà scoprire come anche lei sia inconsciamente influenzato da modelli di ruolo interiorizzati. Questo è il primo passo per contrastare la discriminazione.

2. formarsi una propria opinione e difenderla!

Una volta raccolte sufficienti informazioni sul femminismo, sarà in grado di formarsi un'opinione informata e obiettiva. Metta in discussione le sue opinioni precedenti e pensi con la sua testa, invece di accettare opinioni preconcette e popolarizzate, e prenda le sue decisioni. Rifletta sulla sua posizione in merito a una determinata questione e ne discuta.

La sua opinione è importante e merita di essere ascoltata! Anche se riesce a convincere un conoscente, un familiare o un amico dell'importanza del femminismo, ha già dato un contributo prezioso. Può anche diventare attivo e impegnarsi in politica o partecipare a manifestazioni per esprimere la sua opinione.

3. si metta in discussione!

Mettere in discussione il proprio pensiero e comportamento può essere spiacevole e scomodo. Potrebbe rendersi conto di essersi comportato inconsciamente in modo sessista. Forse ritiene che la sua opinione sia più importante di quella delle donne, fa spesso commenti dispregiativi sulle donne, usa insulti sessisti o tende al mansplaining, dove in genere presume di saperne di più su un argomento rispetto alla sua controparte femminile. Tuttavia, l'intuizione è il primo passo verso il miglioramento! Se si è reso conto di aver interiorizzato inconsciamente modelli di ruolo stereotipati o schemi di pensiero discriminatori, può agire contro di essi e fare meglio in futuro.

4. riconoscersi come femminista!

Il termine femminista ha ancora una connotazione negativa e spesso viene equiparato all'odio verso gli uomini. Dimostri che non è così, riconoscendosi come femminista. In questo modo, normalizza il termine e contribuisce a rimuovere la stigmatizzazione. Dopo tutto, tutti i generi soffrono delle strutture patriarcali, non solo le donne.

5. dimostri coraggio civile!

Ci sono molte situazioni in cui deve mostrare coraggio e difendere se stesso o altre persone. Non esiti ad uscire dalla sua zona di comfort e ad agire contro il sessismo. Tutti noi lo incontriamo nella vita di tutti i giorni, ad esempio quando agli uomini viene detto "Sii uomo!" e le donne vengono insultate come "stronze" a causa dei vestiti corti.

Oppure quando a una donna viene ordinato di verbalizzare o di andare a prendere il caffè, anche se ha le stesse qualifiche dei suoi colleghi maschi. Inoltre, molte donne subiscono molestie sessuali quotidianamente, al lavoro, in treno o anche tra amici. Intervenga contro questo fenomeno e dimostri che non tollera questo comportamento e che non deve in alcun modo essere considerato normale e accettabile. In questo modo, potrà sostenere tutti coloro che sono colpiti da questo comportamento e incoraggiare un ripensamento nel suo ambiente. Dopotutto, non si tratta di una battaglia tra i sessi, ma di un'immagine socialmente modellata nella società.

6. ascoltare le persone interessate!

Il modo migliore per capire le altre prospettive è ascoltare le persone colpite che condividono le loro esperienze di sessismo. In quanto persona non interessata, probabilmente non noterà molte cose e di conseguenza avrà una mentalità diversa. Sulla base delle esperienze di altre persone, potrà poi sviluppare la sua opinione e reagire in modo più sensibile alla discriminazione.

7. si impegni con opere di donne!

Le donne sono ancora sottorappresentate nell'industria letteraria, musicale e cinematografica. Le loro opere sono percepite come meno importanti e di minor valore rispetto a quelle degli uomini, senza che vi siano prove a sostegno. Cerchi quindi libri, film, opere d'arte o brani musicali di donne e si impegni con loro. In questo modo le donne saranno più presenti e visibili nel suo pensiero.

8 Incoraggi i modelli di pensiero neutrali rispetto al genere nei suoi figli!

I bambini vengono plasmati dalle influenze sociali fin dalla più tenera età. Ai ragazzi piace il blu, alle ragazze il rosa. Ai ragazzi piacciono i supereroi e giocano con le macchine, alle ragazze piacciono le principesse e giocano con le bambole. I ragazzi diventano medici, le ragazze infermiere. I ragazzi possono essere rumorosi e dominanti, le ragazze tranquille e riservate. Questi sono modelli di ruolo tipici che vengono ancora interiorizzati e promossi.

Questo modo di pensare attraversa tutta la vita ed è difficile da eliminare. Si riflette anche nel suo comportamento da adulto e può comportare notevoli svantaggi. Se ha dei figli, si sforzi di crescerli in modo neutrale rispetto al genere, per contrastare questi svantaggi. Utilizzi la sua funzione di modello! Così facendo, si assicurerà di mettere in discussione in modo critico i ruoli di genere radicati e di promuovere lo sviluppo indipendente e autodeterminato dei suoi figli.